TIME
FOR KIDS

¡Locos por insectos y arañas!

Dona Herweck Rice

Asesor

Timothy Rasinski, Ph.D.
Kent State University

Créditos

Dona Herweck Rice, *Gerente de redacción*

Robin Erickson, *Directora de diseño y producción*

Lee Aucoin, *Directora creativa*

Conni Medina, M.A.Ed., *Directora editorial*

Ericka Paz, *Editora asistente*

Stephanie Reid, *Editora de fotos*

Rachelle Cracchiolo, M.S.Ed., *Editora comercial*

Basado en los escritos de *TIME For Kids.*

TIME For Kids y el logotipo de *TIME For Kids* son marcas registradas de TIME Inc. Usado bajo licencia.

Teacher Created Materials

5301 Oceanus Drive
Huntington Beach, CA 92649-1030
http://www.tcmpub.com
ISBN 978-1-4333-4424-4
© 2012 Teacher Created Materials, Inc.

Tabla de contenido

Introducción

¿Te gustan las cosas aterradoras?

Si es así, entonces deben gustarte los **insectos** y las **arañas**. Lee este libro y aprende sobre ellos.

Insectos

Hay más insectos en el mundo que cualquier otro tipo de animal.

¡Los insectos están por
todas partes! Están en la
tierra, en el mar y en el
aire.

La mayoría de los insectos
se alimentan de plantas.

Muchos insectos ayudan a
las plantas a crecer.

El cuerpo de los insectos
tiene tres partes, seis patas
y dos **antenas** en la cabeza.

Muchos insectos tienen **alas** y ponen huevos.

¡Los insectos son interesantes!

Arañas

Las arañas se encuentran en cualquier parte del mundo.

La mayoría de las arañas
viven en el suelo o suben a
lugares altos.

Muchas arañas se
alimentan de **presas** vivas.

Algunas arañas ayudan a eliminar los insectos que causan daño.

hilera

El cuerpo de las arañas
tiene dos partes principales
y ocho patas. También
tiene hileras para hilar
seda.

Usan su seda para hacer telarañas, nidos y sacos para los huevos.

¡Las arañas son muy
inteligentes!

Glosario

alas

hilera

antenas

insecto

araña

presa

Palabras para aprender

alas	mundo
altos	nidos
animal	partes
antenas	plantas
arañas	presas
cuerpo	principales
daño	sacos
hileras	seda
huevos	suben
insectos	suelo
inteligentes	telarañas